52 Recetas de Ensaladas Poderosas Para el Cáncer de Colon:

Combata Sin Usar Drogas o Medicinas

Por

Joe Correa CSN

DERECHOS DE AUTOR

© 2019 Live Stronger Faster Inc.

Todos los derechos reservados

La reproducción o traducción de cualquier parte de este trabajo, más allá de lo permitido por la sección 107 o 108 del Acta de Derechos de Autor de los Estados Unidos, sin permiso del dueño de los derechos es ilegal.

Esta publicación está diseñada para proveer información precisa y autoritaria respecto al tema en cuestión. Es vendido con el entendimiento de que ni el autor ni el editor están envueltos en brindar consejo médico. Si éste fuese necesario, consultar con un doctor. Este libro es considerado una guía y no debería ser utilizado en ninguna forma perjudicial para su salud. Consulte con un médico antes de iniciar este plan nutricional para asegurarse que sea correcto para usted.

RECONOCIMIENTOS

Este libro está dedicado a mis amigos y familiares que han tenido una leve o grave enfermedad, para que puedan encontrar una solución y hacer los cambios necesarios en su vida.

52 Recetas de Ensaladas Poderosas Para el Cáncer de Colon:

Combata Sin Usar Drogas o Medicinas

Por

Joe Correa CSN

CONTENIDOS

Derechos de Autor

Reconocimientos

Acerca Del Autor

Introducción

52 Recetas de Ensaladas Poderosas Para el Cáncer de Colon: Combata Sin Usar Drogas o Medicinas

Otros Títulos de Este Autor

ACERCA DEL AUTOR

Luego de años de investigación, honestamente creo en los efectos positivos que una nutrición apropiada puede tener en el cuerpo y la mente. Mi conocimiento y experiencia me han ayudado a vivir más saludablemente a lo largo de los años y los cuales he compartido con familia y amigos. Cuanto más sepa acerca de comer y beber saludable, más pronto querrá cambiar su vida y sus hábitos alimenticios.

La nutrición es una parte clave en el proceso de estar saludable y vivir más, así que empiece ahora. El primer paso es el más importante y el más significativo.

INTRODUCCIÓN

52 Recetas de Ensaladas Poderosas Para el Cáncer de Colon: Combata Sin Usar Drogas o Medicinas

Por Joe Correa CSN

El cáncer de colon se define como el crecimiento anormal y el comportamiento de las células dentro de la parte final del tracto digestivo, el intestino grueso. En la mayoría de los casos, el cáncer comienza como pequeños grupos benignos de células conocidas como pólipos adenomatosos. Estos pólipos generalmente no producen ningún síntoma, por lo que el cáncer de colon difícilmente se puede descubrir y tratar a tiempo. Esta es la razón por la que los médicos suelen recomendar pruebas de detección regulares que ayudan a identificar y eliminar pólipos antes de que se conviertan en cáncer.

Cuando no se tratan, los pólipos adenomatosos inofensivos se transforman en cáncer que, al igual que todos los demás tipos de cáncer, puede ser una afección potencialmente mortal. Es muy importante identificar los síntomas del cáncer de colon y prevenir que la enfermedad progrese.

Estos síntomas incluyen:

- Cambios significativos e inexplicables en sus hábitos

intestinales habituales, como consistencia de las heces, diarrea y estreñimiento. Estos síntomas suelen durar más de cuatro semanas.
- El sangrado rectal y la sangre en las heces son síntomas graves que no deben ignorarse.
- Dolor abdominal inexplicable, gases y / o calambres.
- Debilidad inexplicable, pérdida de peso y / o fatiga.

Estos síntomas no son comunes en las primeras etapas de la enfermedad, por lo que es fundamental realizar un chequeo médico regular.

También hay ciertos factores de riesgo que pueden contribuir al desarrollo de cáncer de colon. Estos factores incluyen edad avanzada, afecciones inflamatorias intestinales, antecedentes familiares de cáncer de colon, estilo de vida sedentario, mala alimentación, obesidad, tabaquismo y alcohol.

Los científicos están de acuerdo en que existe una fuerte conexión entre la dieta baja en fibra y rica en grasas y el cáncer de colon. Comer mucha fruta fresca, verduras y granos enteros ricos en fibra le dará a su cuerpo una variedad de vitaminas y minerales y jugará un papel importante en la prevención del cáncer. Sin embargo, hacer estos pequeños cambios en su vida diaria puede ser un poco difícil debido a los horarios ocupados. Por este motivo, he recopilado estas recetas poderosas pero fáciles de preparar para prevenir el cáncer de colon que previenen las ensaladas. Encontrará fácilmente todos los ingredientes en su tienda local y preparará fácilmente una ensalada maravillosa y saludable para toda la familia en solo minutos. Estas recetas están aquí para mejorar su vida, ¡así que comience de inmediato!

52 RECETAS DE ENSALADAS PODEROSAS PARA EL CÁNCER DE COLON: COMBATA SIN USAR DROGAS O MEDICINAS

1. **Palta con Huevos y Verdes**

Ingredientes:

1 palta, por la mitad y sin carozo

2 huevos

2 cucharadas de jugo de lima fresco

1 cucharadita de tomillo seco

½ cucharadita de romero seco

¼ cucharadita de granos de pimienta roja

¼ cucharadita de sal marina

1 tomate grande, en trozos

1 taza de lechuga, en trozos

1 taza de espinaca bebé, en trozos

1 taza de rúcula, en trozos

Preparación:

Lavar la lechuga, espinaca y rúcula bajo agua fría, y colar.

Precalentar el horno a 400 grados. Poner papel de hornear en una fuente cuadrada y dejar a un lado.

Cortar la palta por la mitad y remover el carozo. Poner las mitades en la fuente de hornear y cepillar con el jugo de lima. Verter los huevos en cada huevo y rociar con tomillo, romero, sal y granos de pimienta roja.

Hornear por 15 minutos. Remover del horno y dejar enfriar.

Mientras tanto, en un tazón grande, mezclar el tomate, lechuga, espinaca y rúcula. Rociar con el jugo de lima restante y servir con la palta.

Información nutricional por porción: Kcal: 205, Proteínas: 6.2g, Carbohidratos: 12.4g, Grasas: 16.3g

2. Ensalada de Huevo con Espinaca y Nueces

Ingredientes:

1 libra de espinaca fresca, en trozos

2 dientes de ajo, aplastados

½ cucharadita de sal marina

2 huevos duros

5 almendras, picadas

5 nueces, picadas

¼ cucharadita de granos de chile

Aceite de oliva para la sartén

Preparación:

Poner los huevos en una olla de agua hirviendo. Cocinar por 10-12 minutos. Remover del fuego y colar. Enfriar y pelar. Cortarlos por la mitad. Dejar a un lado.

Engrasar una sartén antiadherente con aceite de oliva y calentar a fuego medio/alto. Añadir el ajo y cocinar por 2 minutos. Agregar la espinaca y cocinar 5 minutos más, revolviendo constantemente. Sazonar con los granos de chile, revolver y remover del fuego. Transferir a un plato y rociar con sal marino, almendras y nueces.

Servir con los huevos hervidos. Puede añadir 1/2 taza de trozos de palta.

Información nutricional por porción: Kcal: 185, Proteínas: 14.7g, Carbohidratos: 11g, Grasas: 11.4g

3. Ensalada de Pechuga de Pavo

Ingredientes:

8 onzas de pechuga de pavo sin hueso ni piel, en rodajas de 1 pulgada

2 tazas de rúcula

2 cucharadas de queso de cabra

5 almendras

5 nueces

2 cucharadas de vinagre de vino tinto

1 cucharada de tomillo seco

1 tomate, en rodajas

Preparación:

Remover la pechuga de la nevera unos 30 minutos antes de usar. Cubrir y dejar reposar a temperatura ambiente.

Precalentar un grill antiadherente a fuego medio/alto. Cepillar con aceite de oliva y añadir el pavo en rodajas. Cocinar por 7-8 minutos, rotando a mitad del tiempo.

Remover del fuego y dejar enfriar por 5 minutos mientras arma la ensalada.

En un tazón pequeño, batir el vinagre de vino tinto, tomillo seco y aceite de oliva. Dejar a un lado.

En un tazón grande, combinar la rúcula, tomate, queso de cabra, almendras y nueces. Cubrir con la pechuga de pavo y rociar la mezcla de vinagre.

Servir inmediatamente.

Información nutricional por porción: Kcal: 277, Proteínas: 28g, Carbohidratos: 9.4g, Grasas: 14.2g

4. Ensalada de Pollo al Ajo y Vegetales

Ingredientes:

1 libra de pechuga de pollo, en rodajas de media pulgada

½ taza de jugo de lima fresco

2 cucharadas de aceite de oliva

½ taza de hojas de perejil, picadas

3 dientes de ajo, aplastados

1 cucharada de pimienta cayena

1 cucharadita de orégano seco

½ cucharadita de sal marina

1 taza de tomates cherry, en rodajas

1 taza de rúcula, en trozos

1 taza de lechuga de cordero, en trozos

Preparación:

Lavar la carne bajo agua fría y colar. Cortar en rodajas de media pulgada. Dejar a un lado.

En un tazón mediano, combinar el aceite de oliva, jugo de lima, perejil, ajo, pimienta cayena, orégano y sal.

Cepillar generosamente los filetes con la mezcla y cubrir. Refrigerar 30 minutos.

Precalentar una fuente antiadherente a fuego medio/alto. Remover los filetes de la marinada y secar con papel de cocina. Cocinar por 4-5 minutos de cada lado.

En un tazón grande, combinar los tomates, rúcula y lechuga de cordero. Añadir el pollo y rociar con jugo de limón o lima.

Servir inmediatamente.

Información nutricional por porción: Kcal: 283, Proteínas: 33.6g, Carbohidratos: 6.2g, Grasas: 13.7g

5. Ensalada de Pollo y Champiñones

Ingredientes:

1 libra de pechuga de pollo, en trozos pequeños

3.5 onzas de champiñones, enteros

1 tomate mediano, en trozos

2 onzas de lechuga

1 pepino, en rodajas

1 cucharada de aceite de oliva

1 cucharada de Mostaza de Dijon

2 cucharadas de vinagre de sidra de manzana

1 cucharadita de jugo de limón recién exprimido

1 cucharada de romero seco

½ cucharadita de sal Himalaya rosa

Aceitunas Kalamata (opcional para servir)

Spray de cocina

Preparación:

Lavar la carne bajo agua fría y secar con papel de cocina. Poner en una tabla y trozar. Dejar a un lado.

En un tazón pequeño, combinar la mostaza de Dijon con el aceite de oliva, romero seco, vinagre y sal. Revolver y cepillar la carne con esta mezcla. Envolver en papel aluminio y refrigerar 30 minutos.

Mientras tanto, rociar una sartén antiadherente con spray de cocina. Añadir los champiñones y cocinar por 10 minutos, revolviendo ocasionalmente. Remover del fuego y dejar enfriar.

Lavar y preparar los vegetales. Ponerlos en un tazón. Añadir los champiñones y revolver. Dejar a un lado.

Precalentar el horno a 350 grados. Poner papel de hornear sobre una fuente y dejar a un lado.

Remover la carne de la nevera y transferirla a la fuente de hornear, junto con la marinada.

Cocinar por 35 minutos, dando vuelta la carne una vez. Una vez listo, remover del horno y dejar enfriar. Servir con los vegetales.

Opcionalmente, servir con aceitunas Kalamata.

Información nutricional por porción: Kcal: 254, Proteínas: 34.5g, Carbohidratos: 8g, Grasas: 9.2g

6. Ensalada de Atún

Ingredientes:

1 taza de atún al agua

3 huevos duros

1 pepino, en rodajas

¼ taza de nueces

½ taza de queso de cabra fresco

1 taza de espinaca bebé, picada

½ zanahoria, en rodajas

1 cucharada de jugo de limón recién exprimido

½ cucharadita de sal

Preparación:

Poner los huevos en una olla de agua hirviendo. Cocinar por 12 minutos. Remover del fuego y colar. Dejar enfriar y pelar. Cortar uno en rodajas y trozar los otros dos. Poner en un plato.

Añadir los vegetales y sazonar con sal. Rociar con jugo de

limón y cubrir con el atún y el huevo restante.

Servir inmediatamente.

Información nutricional por porción: Kcal: 208, Proteínas: 19.4g, Carbohidratos: 4.9g, Grasas: 12.7g

7. Quínoa Tibia con Nueces y Arándanos Agrios

Ingredientes:

1 taza de quínoa

3 cucharadas de avellanas, molidas

½ taza de perejil fresco

1 cebolla pequeña, picada

2 dientes de ajo, aplastados

¼ cucharadita de sal

2 cucharadas de aceite de oliva

1 taza de champiñones, en rodajas

¼ taza de arándanos agrios

Preparación:

Engrasar una sartén pequeña con aceite de oliva o spray de cocina, y calentar a fuego medio/alto. Añadir los champiñones en rodajas y cocinar por 6-7 minutos, revolviendo constantemente. Remover del fuego y sazonar con sal. Dejar a un lado.

Añadir la quínoa a una cacerola pequeña, y verter una taza de agua. Hervir a fuego medio y cocinar a fuego lento hasta que el líquido se evapore. Revolver ocasionalmente.

Una vez listo, remover del fuego y dejar enfriar.

En un tazón pequeño, combinar las avellanas, perejil, sal y una cucharada de aceite de oliva. Mezclar y añadir las cebollas y ajo. Dejar reposar por 5-10 minutos.

Agregar la quínoa cocida y los champiñones. Cubrir con arándanos agrios y mezclar para combinar. Servir inmediatamente.

Información nutricional por porción: Kcal: 206, Proteínas: 6.1g, Carbohidratos: 25.3g, Grasas: 9.5g

8.   Ensalada de Pepino y Perejil con Lima

Ingredientes:

1 pepino grande, en rodajas finas

2 dientes de ajo, aplastados

¼ taza de perejil fresco, en trozos

1 cucharada de jugo de lima fresco

2 cucharadas de aceite de oliva extra virgen

Sal y pimienta a gusto

Preparación:

En un tazón pequeño, combinar el ajo, jugo de lima, aceite de oliva, sal y pimienta. Mezclar y dejar reposar 10 minutos.

Pelar y cortar el pepino en rodajas finas. Transferir a un tazón y rociar con perejil.

Rociar con el aceite con ajo y sazonar con más sal y pimienta a gusto.

Refrigerar por 30 minutos antes de servir.

Información nutricional por porción: Kcal: 299, Proteínas: 2.8g, Carbohidratos: 13.9g, Grasas: 28.5g

9. Ensalada de Arroz Negro

Ingredientes:

1 taza de arroz negro

3 cebollas de verdeo, picadas

½ taza de maíz

1 pimiento rojo, en tiras

¼ taza de menta fresca, picada

2 cucharadas de aceite de oliva extra virgen

1 cucharada de vinagre de sidra de manzana

Sal a gusto

Preparación:

Añadir el arroz a una cacerola mediana y verter dos tazas de agua fría. Tapar y hervir a fuego medio. Reducir el fuego a mínimo y cocinar por 15-18 minutos, revolviendo ocasionalmente.

Una vez listo, apagar el fuego y dejar reposar el arroz por otros 10-15 minutos.

Mientras tanto, colar el maíz y transferir a un tazón. Preparar los vegetales. Cortar el pimiento por la mitad y remover las semillas. Cortar en tiras y añadirlo al tazón. Picar las cebollas y mezclar con el maíz y pimiento.

Finalmente, añadir el arroz y la menta. Rociar con aceite de oliva, vinagre de sidra y sal a gusto.

Mezclar bien y servir.

Información nutricional por porción: Kcal: 353, Proteínas: 6.5g, Carbohidratos: 57.9g, Grasas: 11.5g

10. Ensalada de Vegetales Frescos

Ingredientes:

2 tazas de lechuga, en trozos

1 cebolla morada, en cubos

1 tomate mediano, en trozos

1 pimiento verde, en cubos

1 chile pequeño, en cubos

1 taza de espinaca bebé, en trozos

2 cucharadas de aceite de oliva extra virgen

1 cucharada de vinagre de sidra de manzana

1 cucharadita de romero fresco, picado

¼ cucharadita de sal

Preparación:

Añadir la lechuga y espinaca bebé a un colador grande y lavar bajo agua fría. Dejar colar.

Preparar los vegetales. Lavar el tomate y secarlo con papel de cocina. Trozar y añadirlo al tazón.

Cortar el pimiento verde por la mitad y remover las semillas. Cortarlo en cubos pequeños y transferirlo al tazón.

Cortar las cebollas y un chile pequeño en cubos. Añadirlos al tazón y cubrir con los verdes colados. Rociar con aceite de oliva, vinagre, romero y sal.

Mezclar bien y servir inmediatamente.

Información nutricional por porción: Kcal: 196, Proteínas: 2.9g, Carbohidratos: 15.6g, Grasas: 15g

11. Ensalada Dulce de Zanahoria

Ingredientes:

1 zanahoria mediana, en rodajas

2 onzas de espinaca bebé

1 tomate mediano, picado

2 onzas de espagueti de arroz, remojado

1 pepino pequeño, en trozos pequeños

¼ taza de arándanos frescos

¼ taza de miel

¼ taza de jugo de lima fresco

1 cucharadita de Mostaza de Dijon

¼ cucharadas de comino molido

Preparación:

Poner el espagueti de arroz en una olla profunda y verter agua hasta cubrir. Remover en agua por 15 minutos. Colar y transferir a un tazón. Dejar a un lado.

Lavar la espinaca bajo agua fría y colar. Trozar y dejar a un lado.

Lavar el tomate y trozar. Dejar a un lado.

En un tazón de ensalada grande, añadir la espinaca trozada, tomate, zanahoria y arándanos. Sacudir para combinar.

En un tazón pequeño, combinar la miel, jugo de lima, mostaza de Dijon y comino. Mezclar y rociar sobre la ensalada. Sacudir para combinar y servir inmediatamente.

Información nutricional por porción: Kcal: 201, Proteínas: 3.4g, Carbohidratos: 48.6g, Grasas: 0.7g

12. Ensalada Primaveral con Aceitunas Negras

Ingredientes:

5 tomates cherry

Un puñado de aceitunas negras

1 cebolla mediana, sin piel y en rodajas

2 rábanos, en rodajas

Un puñado de lechuga de cordero

2 cucharadas de jugo de lima fresco

3 cucharadas de aceite de oliva extra virgen

Sal a gusto

Preparación:

En un tazón pequeño, combinar el aceite de oliva, jugo de lima y sal. Mezclar y dejar a un lado.

Lavar los tomates y remover las hojas. Cortarlos por la mitad y dejar a un lado.

Lavar los rábanos y recortar las partes verdes. Cortar en rodajas finas y dejar a un lado.

Lavar la lechuga. Colar y trozar.

En un tazón de ensalada grande, combinar los tomates, aceitunas, cebolla, rábanos y lechuga de cordero. Rociar con el aderezo.

Sacudir para combinar y servir inmediatamente.

Información nutricional por porción: Kcal: 197, Proteínas: 2.7g, Carbohidratos: 15.3g, Grasas: 15.7g

13. Ensalada de Frijoles Crujientes con Aderezo de Lima

Ingredientes:

½ cebolla roja, sin piel y en rodajas

2 onzas de frijoles verdes, cocidos

3 tomates cherry, por la mitad

1 pimiento rojo, en trozos

¼ taza de jugo de lima fresco

3 cucharadas de aceite de oliva

1 cucharadita de miel

½ chalote pequeño, picado

1 diente de ajo, aplastado

¼ cucharadita de sal

Preparación:

Combinar el jugo de lima con la miel. Mezclar con un tenedor. Añadir el aceite de oliva lentamente, revolviendo constantemente. Agregar los chalotes, ajo y sal. Dejar a un lado.

Lavar los tomates y remover las hojas. Trozar y dejar a un lado.

Cortar los pimientos por la mitad. Remover las semillas, trozar y dejar a un lado.

En un tazón de ensalada grande, combinar la cebolla, frijoles verdes, tomates cherry y pimiento. Rociar con el aderezo y sacudir para combinar.

Servir inmediatamente.

Información nutricional por porción: Kcal: 268, Proteínas: 3.2g, Carbohidratos: 20.5g, Grasas: 21.6g

14. Ensalada de Lentejas

Ingredientes:

1 taza de lentejas, cocidas

1 pimiento rojo mediano

½ taza de maíz dulce, colado

Un puñado de repollo morado, rallado

Un puñado de lechuga, rallada

½ cucharadita de sal

¼ cucharadita de pimienta negra, molida

2 cucharadas de aceite de oliva

1 cucharada de semillas de sésamo

Preparación:

Primero, cocinar las lentejas. Utilizar 3 tazas de agua por una de lentejas. Hervir el agua, reducir el fuego a medio y tapar. Cocinar por 15-20 minutos. Remover del fuego y colar. Transferir a un tazón y dejar a un lado.

Lavar el pimiento y cortarlo por la mitad. Remover las

ramas y semillas. Trozar y dejar a un lado.

En un colador grande, combinar el repollo morado y lechuga. Lavar bajo agua fría y colar. Rallar y dejar a un lado.

En un tazón pequeño, combinar el aceite de oliva, semillas de sésamo, sal y pimienta. Mezclar y dejar a un lado.

En un tazón de ensalada grande, combinar las lentejas, pimiento, maíz, repollo y lechuga. Rociar con el aderezo y sacudir para combinar.

Servir inmediatamente.

Información nutricional por porción: Kcal: 367, Proteínas: 18.7g, Carbohidratos: 49g, Grasas: 12g

15. Ensalada de Frijoles Verdes

Ingredientes:

1 libra de frijoles verdes frescos

¼ taza de aceite de oliva extra virgen

2 dientes de ajo, aplastados

1 cucharada de jugo de lima

Preparación:

Verter 4 tazas de agua en una olla profunda. Hervir a fuego medio/alto. Añadir los frijoles y rociar con sal. Cocinar por 5 minutos, hasta que ablanden. Remover del fuego y colar. Transferir a un tazón grande y dejar enfriar.

En un tazón pequeño, combinar el aceite de oliva, ajo y jugo de lima. Mezclar.

Rociar el aderezo sobre los frijoles y sacudir para cubrir. Opcionalmente, puede añadir rodajas de limón y perejil picado para decorar.

Información nutricional por porción: Kcal: 296, Proteínas: 4.4g, Carbohidratos: 19g, Grasas: 25.5g

16. Ensalada de Frambuesa con Semillas de Calabaza

Ingredientes:

1 cucharada de semillas de calabaza

2 tazas de frambuesas frescas

¼ cucharadita de romero fresco, picado

2 cucharadas de jugo de lima fresco

1 cucharadita de polvo de comino

1 cucharadita de jarabe de agave

1 taza de lechuga, en trozos

Preparación:

Lavar las frambuesas bajo agua fría. Colar y dejar a un lado.

Lavar la lechuga bajo agua fría y colar. Trozar y dejar a un lado.

En un tazón pequeño, combinar el jugo de lima, polvo de comino y jarabe de agave. Mezclar bien.

En un tazón de ensalada grande, combinar la lechuga y frambuesas. Rociar con el aderezo y sacudir para combinar.

Refrigerar 20 minutos antes de servir.

Información nutricional por porción: Kcal: 234, Proteínas: 6.1g, Carbohidratos: 46.7g, Grasas: 6.2g

17. Ensalada de Brócoli con Tomates

Ingredientes:

2 tazas de brócoli, por la mitad

2 tomates grandes, en trozos

2 cucharadas de aceite de oliva

1 cucharada de perejil seco, picado

¼ cucharadita de Sazón italiano

Sal y pimienta a gusto

1 cucharada de jugo de limón, recién exprimido

Preparación:

En un tazón pequeño, combinar el aceite de oliva. perejil, sazón italiana, sal, pimienta y jugo de limón. Mezclar y dejar a un lado.

Lavar el brócoli y cortarlo por la mitad. Dejar a un lado.

Verter 3 tazas de agua en una olla profunda. Hervir a fuego medio/alto. Añadir el brócoli y cocinar por 20 minutos, hasta que ablande. Remover del fuego y colar. Dejar enfriar.

Lavar los tomates y remover las hojas. Trozar y dejar a un lado.

En un tazón de ensalada grande, combinar el brócoli y tomates. Rociar con el aderezo y sacudir para combinar.

Servir inmediatamente.

Información nutricional por porción: Kcal: 188, Proteínas: 4.3g, Carbohidratos: 13.5g, Grasas: 14.9g

18. Ensalada de Mariscos

Ingredientes:

1 paquete pequeño de mariscos congelados

1 cucharada de aceite de oliva

1 cebolla pequeña

1 taza de tomates cherry

1 cucharadita de romero seco, picado

1 cucharada de maíz dulce

¼ cucharadita de sal

1 cucharada de jugo de limón recién exprimido

Preparación:

Precalentar el aceite de oliva en una cacerola a fuego medio/alto. Añadir los mariscos y cocinar por 10 minutos, revolviendo con una cuchara de madera. Agregar 1/4 taza de agua y cocinar 5 minutos más. Remover del fuego y dejar enfriar.

Mientras tanto, preparar los ingredientes restantes.

En un tazón pequeño, combinar el jugo de limón, sal y romero. Mezclar y dejar a un lado.

Lavar los tomates bajo agua fría y remover las hojas. Trozar y dejar a un lado.

En un tazón grande, combinar la mezcla de mariscos, cebolla y tomates cherry. Rociar con el aderezo y sacudir para combinar.

Servir inmediatamente.

Información nutricional por porción: Kcal: 208, Proteínas: 11.7g, Carbohidratos: 22.7g, Grasas: 8.7g

19. Ensalada de Dientes de León

Ingredientes:

2 tazas de verdes de diente de león frescos, en trozos

1 tomate Roma, picado

½ taza de jugo de limón fresco

1 cucharada de mostaza amarilla

Sal marina a gusto

Preparación:

Poner los dientes de león en un colador y lavar bajo agua fría. Colar y trozar. Dejar a un lado.

Lavar el tomate y remover las hojas. Trozar y dejar a un lado.

En un tazón pequeño, combinar el jugo de limón, mostaza amarilla y sal marina. Mezclar hasta que la sal se disuelva.

Poner los verdes en un tazón de ensalada y rociar con el aderezo. Sacudir para combinar y servir inmediatamente.

En vez de los verdes de diente de león, puede usar rúcula bebé, espinaca bebé u otro vegetal de hoja verde.

Información nutricional por porción: Kcal: 90, Proteínas: 4.7g, Carbohidratos: 13.9g, Grasas: 2.4g

20. Ensalada de Ternera con Vegetales Frescos

Ingredientes:

1 libra de chuletas de ternera

1 tomate grande

1 pimiento verde grande

½ taza de repollo, rallado

2 cucharadas de aceite de oliva

¼ cucharadita de tomillo seco, molido

¼ cucharadita de perejil seco, picado

1 diente de ajo, molido

Sal y pimienta a gusto

Preparación:

Lavar la carne bajo agua fría y secar con papel de cocina. Transferir a una tabla y cortar en tiras finas. Frotar con sal, pimienta, tomillo, perejil y aceite de oliva. Dejar a un lado 10 minutos.

Precalentar el grill a fuego medio/alto. Grillar por 3-5

minutos de cada lado. Remover del fuego y dejar enfriar.

Preparar los vegetales restantes.

Cortar el pimiento por la mitad. Remover las hojas y semillas. Cortar en tiras finas y dejar a un lado.

Lavar el tomate y remover las hojas. Trozar y dejar a un lado.

Combinar el pimiento, tomate y repollo en un tazón de ensalada. Cubrir con la carne y rociar con sal y aceite de oliva.

Información nutricional por porción: Kcal: 343, Proteínas: 35g, Carbohidratos: 4.9g, Grasas: 20.1g

21. Ensalada de Pollo Grillado

Ingredientes:

2 piezas de pechuga de pollo, sin hueso ni piel

¼ taza de tofu de seda, en rodajas

1 taza de lechuga de cordero

1 taza de tomates cherry

1 calabacín pequeño, en trozos

¼ cucharadita de pimienta roja, molida

2 cucharadas de aceite de oliva

¼ cucharadita de sal

Preparación:

Lavar y secar la carne con papel de cocina. Transferir a una tabla y trozar. Cepillar con sal y aceite de oliva, y dejar a un lado.

Pelar el calabacín y trozarlo en rodajas finas. Rociar con sal y dejar a un lado.

Precalentar el grill a fuego medio/alto. Añadir el pollo y

calabacín. Grillar el pollo por 2-3 minutos de cada lado, y el calabacín 1-2 minutos por lado.

Grillar el tofu 2 minutos de cada lado.

Lavar la lechuga de cordero. Colar y transferir a un tazón grande. Añadir los tomates cherry, tofu, calabacín y pimienta roja. Mezclar y cubrir con el pollo.

Servir inmediatamente.

Información nutricional por porción: Kcal: 286, Proteínas: 26.2g, Carbohidratos: 7g, Grasas: 17.4g

22. Ensalada de Lechuga con Nueces

Ingredientes:

2 tazas de Lechuga iceberg, en trozos

1 naranja grande, sin piel y en gajos

2 cucharadas de nueces, en trozos

¼ taza de dátiles, sin carozo y en trozos pequeños

1 cucharada de jugo de limón fresco

1 cucharada de aceite de oliva

¼ cucharadita de tomillo seco, molido

Preparación:

Poner la lechuga en un colador y lavar bajo agua fría. Colar y trozar. Poner en un tazón grande y dejar a un lado.

Pelar la naranja y dividirla en gajos. Cortar cada gajo por la mitad y añadirlos al tazón con la lechuga.

En un tazón pequeño, combinar el jugo de limón, aceite de oliva y tomillo. Mezclar y rociar sobre la ensalada.

Finalmente, cubrir con los dátiles y nueces.

Servir inmediatamente.

Información nutricional por porción: Kcal: 224, Proteínas: 3.6g, Carbohidratos: 30.2g, Grasas: 12g

23. Ensalada Casera de Atún

Ingredientes:

1 (12 onzas) filete de atún

¼ taza de cebollas de verdeo, en trozos

2 cucharadas de aceite de oliva extra virgen

¼ cucharadita de sal marina

¼ cucharadita de ají picante

1/8 cucharadita de pimienta blanca, molida

1 cucharada de jugo de limón fresco

Preparación:

Lavar el filete de atún bajo agua fría y secar con papel de cocina. Frotar con sal, pimienta y aceite de oliva. Dejar a un lado.

Mientras tanto, precalentar el grill a fuego medio/alto. Cocinar el atún por 4-5 minutos de cada lado. Remover del fuego y dejar enfriar.

Usando dos tenedores, deshacer el atún en tiras finas. Transferir a un tazón de ensalada y añadir las cebollas de verdeo. Agregar el aceite de oliva restante y rociar con sal.

Finalmente, rociar con jugo de limón y servir inmediatamente.

Información nutricional por porción: Kcal: 293, Proteínas: 34.1g, Carbohidratos: 0.8g, Grasas: 16.5g

24. Ensalada de Lechuga y Tomate

Ingredientes:

2 tazas de tomates cherry, en trozos

2 tazas de Lechuga iceberg, picada

1 cucharadita de vinagre de sidra de manzana

¼ cucharadita de sal marina

¼ cucharadita de granos de pimienta roja

½ cucharadas de aceite de oliva extra virgen

Preparación:

Lavar los tomates cherry y remover las hojas. Trozar y dejar a un lado.

Usando un colador grande, lavar la lechuga bajo agua fría. Colar y trozar. Dejar a un lado.

En un tazón pequeño, combinar el vinagre de sidra, sal marina, pimienta roja y aceite de oliva. Mezclar bien y dejar a un lado.

En un tazón de ensalada grande, combinar los tomates cherry y lechuga. Rociar con el aderezo y sacudir para combinar.

Servir inmediatamente.

Información nutricional por porción: Kcal: 142, Proteínas: 3.7g, Carbohidratos: 17.6g, Grasas: 8g

25. Ensalada Cremosa de Pollo

Ingredientes:

4 onzas de pechuga de pollo, sin piel ni hueso

1 taza de Lechuga romana, en trozos

1 cebolla mediana, sin piel y en rodajas

5 tomates cherry, en trozos

2 cucharadas de crema baja en grasas

1 cucharadita de perejil fresco, picado

1 cucharada de aceite de oliva extra virgen

¼ cucharadita de polvo de chile

1 cucharada de jugo de limón

Sal y pimienta

Preparación:

Lavar el pollo bajo agua fría y secar con papel de cocina. Transferir a una tabla y cortar en rodajas finas. Frotar con sal y pimienta, y dejar a un lado.

En una cacerola pequeña, combinar la crema, perejil, polvo

de chile y una pizca de sal y pimienta. Calentar a fuego medio/alto. Hervir y remover del fuego. Revolver y dejar a un lado.

Precalentar el grill a fuego medio/alto. Añadir el pollo y cocinar por 3 minutos de cada lado. Remover del fuego y dejar a un lado.

Lavar y preparar los vegetales restantes.

En un tazón de ensalada grande, combinar la lechuga, cebolla y tomates. Cubrir con el pollo y rociar con la salsa de crema. Mezclar bien y servir inmediatamente.

Información nutricional por porción: Kcal: 223, Proteínas: 17.7g, Carbohidratos: 19.2g, Grasas: 9.5g

26. Ensalada de Verdes con Aderezo de Naranja

Ingredientes:

2 tazas de Lechuga iceberg, en trozos

1 taza de espinaca bebé, en trozos

½ taza de Queso muzzarella, en rodajas

2 cucharadas de jugo de naranja recién exprimido

1 cucharadita de vinagre de sidra de manzana

½ cucharadita de Sazón italiano

¼ cucharadita de pimienta negra, molida

¼ cucharadita de sal

Preparación:

En un colador grande, combinar la lechuga y espinaca. Lavar bajo agua fría y colar. Trozar y transferir a un tazón de ensalada grande. Dejar a un lado.

En un tazón pequeño, combinar el jugo de naranja, vinagre de sidra de manzana, sazón italiana, pimienta negra y sal. Mezclar bien.

Cortar el queso en rodajas finas y añadirlo a la ensalada. Rociar con el aderezo y sacudir para combinar.

Opcionalmente, añadir aceitunas para más sabor.

Información nutricional por porción: Kcal: 85, Proteínas: 5.6g, Carbohidratos: 8.8g, Grasas: 3.6g

27. Ensalada de Rábano

Ingredientes:

1 rábano grande, en trozos

1 pepino grande, en rodajas

¼ taza de jugo de limón, recién exprimido

1 cucharada de perejil fresco, picado

¼ cucharadita de pimienta negra, molida

¼ cucharadita de sal

1 cucharadita de mostaza amarilla

Preparación:

En un tazón pequeño, combinar el jugo de limón, perejil, pimienta, sal y mostaza. Mezclar y dejar a un lado.

Lavar el rábano y recortar las hojas externas. Transferir a una tabla y trozar. Poner en un tazón de ensalada y dejar a un lado.

Lavar el pepino y cortar en rodajas finas.

Combinar el pepino con el rábano y rociar con el aderezo.

Sacudir para combinar y servir inmediatamente.

Información nutricional por porción: Kcal: 67, Proteínas: 2.9g, Carbohidratos: 13.4g, Grasas: 1.1g

28. Ensalada de Espinaca al Vapor

Ingredientes:

4 onzas de espinaca fresca, en trozos

1 cucharadita de vinagre de sidra de manzana

1 cucharada de aceite de oliva extra virgen

¼ cucharadita de sal

¼ cucharadita de Sazón italiano

¼ cucharadita de pimienta negra, molida

Preparación:

Usando un colador grande, lavar la espinaca bajo agua fría. Colar y trozar.

En un tazón pequeño, combinar el vinagre de sidra de manzana, aceite de oliva, sal, sazón italiano y pimienta. Mezclar y dejar a un lado.

Verter 1 taza de agua en una olla profunda. Hervir a fuego medio/alto. Poner la espinaca en una canasta de vapor y llevar encima de la olla. Cocinar por 5 minutos, hasta que marchite. Remover del fuego y transferir a un plato.

Rociar con el aderezo y servir inmediatamente.

Información nutricional por porción: Kcal: 152, Proteínas: 3.3g, Carbohidratos: 4.6g, Grasas: 14.8g

29. Ensalada de Repollo Morado y Tomate

Ingredientes:

2 tazas de repollo fresco, rallado

½ taza de tomates ciruelas, en trozos

¼ taza de vinagre de sidra de manzana

¼ cucharadita de tomillo seco, molido

¼ cucharadita de orégano seco, molido

2 cucharadas de aceite de oliva

Sal y pimienta

Preparación:

En un tazón pequeño, combinar el vinagre de sidra de manzana, tomillo seco, orégano seco, aceite de oliva, sal y pimienta. Mezclar y dejar a un lado.

Lavar el repollo bajo agua fría. Transferir a una tabla y cortar en tiras finas. Transferir a un tazón y dejar a un lado.

Lavar los tomates y remover las hojas. Trozar y añadir al tazón con el repollo.

Rociar con el aderezo y servir inmediatamente.

Información nutricional por porción: Kcal: 155, Proteínas: 1.5g, Carbohidratos: 6.9g, Grasas: 14.2g

30. Ensalada de Pavo y Pimiento

Ingredientes:

4 onzas de pechuga de pavo, sin piel ni hueso

1 pimiento rojo grande, en trozos

1 pimiento amarillo grande, en trozos

1 pepino, en trozos

1 cebolla morada pequeña, en cubos

1 cucharada de aceite de oliva

1 cucharada de vinagre de vino blanco

½ cucharadita de tomillo seco, molido

¼ cucharadita de romero seco, molido

2 cucharadas de jugo de lima recién exprimido

Sal y pimienta

Preparación:

Lavar la carne bajo agua fría y secar con papel de cocina. Transferir a una tabla y cortar en rodajas finas.

Poner la carne en una olla profunda y añadir agua hasta cubrir. Hervir a fuego medio/alto por 10-15 minutos, hasta que ablande. Remover del fuego y dejar a un lado. Opcionalmente, poner en un tazón por 2 minutos de cada lado para que dore.

En un tazón pequeño, combinar el aceite de oliva, vinagre de vino blanco, tomillo seco, romero seco, jugo de lima, sal y pimienta. Mezclar y dejar a un lado.

Lavar y preparar los ingredientes restantes.

En un tazón de ensalada grande, combinar el pimiento, pepino y cebolla. Cubrir con las rodajas de pavo y rociar con el aderezo preparado.

Servir inmediatamente.

Información nutricional por porción: Kcal: 206, Proteínas: 12.5g, Carbohidratos: 24.1g, Grasas: 8.5g

31. Ensalada de Espinaca y Huevo

Ingredientes:

2 tazas de espinaca fresca, en trozos

1 huevo grande, duro

1 cebolla pequeña, en rodajas

¼ taza de queso ricota, desmenuzado

1 pepino pequeño, en rodajas

1 cucharadita de vinagre balsámico

1 cucharada de aceite de oliva

2 dientes de ajo, aplastados

¼ cucharadita de pimentón ahumado

Sal y pimienta

Preparación:

Poner el huevo en una olla profunda y añadir agua hasta cubrir. Hervir a fuego medio/alto por 10-12 minutos. Remover del fuego y transferir al baño de agua helada. Dejar reposar 5 minutos.

Mientras tanto, lavar la espinaca bajo agua fría y colar. Trozar y dejar a un lado.

Verter una taza de agua en una olla profunda. Hervir a fuego medio/alto. Poner la espinaca en una canasta de vapor, y llevar arriba de la olla. Cocinar por 3-4 minutos, hasta que marchite. Remover del fuego y transferir a un tazón de ensalada grande.

En un tazón pequeño, combinar el vinagre balsámico, aceite de oliva, ajo, pimentón ahumado, sal y pimienta. Mezclar bien.

Pelar el huevo y cortarlo en rodajas finas. Añadir al tazón con la espinaca, junto con la cebolla y pepino. Rociar con el aderezo y cubrir con el queso ricota.

Servir frío.

Información nutricional por porción: Kcal: 188, Proteínas: 9.1g, Carbohidratos: 12.8g, Grasas: 12.3g

32. Ensalada de Remolacha Rostizada con Nueces

Ingredientes:

1 remolacha grande, en rodajas

2 tazas de rúcula fresca, en trozos

¼ taza de queso de cabra, desmenuzado

½ palta madura, en rodajas

1 cucharada de aceite de oliva

1 cucharada de vinagre de vino tinto

2 cucharadas de nueces, en trozos

Sal y pimienta

Preparación:

Precalentar el grill a fuego medio/alto.

Lavar las remolachas y recortar las partes verdes. Cortar en rodajas finas y cepillar con aceite de oliva. Rociar con sal y pimienta.

Grillar las remolachas por 4-5 minutos de cada lado. Remover a un plato y dejar a un lado.

Lavar la rúcula bajo agua fría. Colar y trozar. Poner en un tazón de ensalada grande y dejar a un lado.

En un tazón pequeño, combinar el aceite de oliva, vinagre de vino tinto, sal y pimienta. Mezclar y dejar a un lado.

Combinar la rúcula, remolacha, palta y queso de cabra en un tazón. Mezclar y rociar con el aderezo. Sacudir para combinar y cubrir con nueces antes de servir.

Información nutricional por porción: Kcal: 228, Proteínas: 6.9g, Carbohidratos: 7.8g, Grasas: 20.1g

33. Ensalada de Palta con Cebollas Avinagradas

Ingredientes:

1 palta madura, en rodajas

¼ taza de frijoles negros, cocidos

1 cebolla morada mediana, en rodajas

2 cucharadas de perejil fresco, picado

2 cucharadas de vinagre balsámico

1 cucharadita de jarabe de coco

½ taza de tomates cherry

¼ cucharadita de polvo de comino

1 lima entera, exprimida

1 cucharada de aceite de oliva

Sal y pimienta

Preparación:

Pelar la cebolla y cortarla en rodajas finas. Poner en un tazón pequeño y rociar con vinagre balsámico, jarabe de coco y sal. Dejar marinar por 15 minutos. Revolver ocasionalmente.

Cortar la palta por la mitad. Pelarla y remover el carozo. Trozar y dejar a un lado.

En un tazón de ensalada grande, combinar la palta, frijoles, perejil y cebollas Agregar la marinada de las cebollas, y rociar con polvo de comino y jugo de lima. Añadir una pizca de sal y pimienta y revolver.

Servir inmediatamente.

Información nutricional por porción: Kcal: 265, Proteínas: 5.6g, Carbohidratos: 23.3g, Grasas: 18.1g

34. Ensalada de Quínoa con Vinagreta Picante

Ingredientes:

½ taza de quínoa

1 pepino pequeño, en rodajas

1 taza de tomates cherry, en trozos

¼ taza de Queso feta, desmenuzado

2 cucharadas de aceite de oliva

1 cucharada de vinagre de vino tinto

1 diente de ajo, molido

½ cucharadita de granos de pimienta roja

¼ cucharadita de pimentón ahumado

¼ cucharadita de orégano seco, molido

Sal y pimienta

Preparación:

Poner la quínoa en una olla mediana y añadir 1 taza de agua. Hervir a fuego medio/alto por 12-15 minutos, hasta que el líquido se haya absorbido. Remover del fuego y espumar con una cuchara de madera. Dejar a un lado.

En un tazón pequeño, combinar el aceite de oliva, vinagre de vino tinto, ajo, granos de pimienta roja, pimentón ahumado, orégano seco, sal y pimienta. Mezclar y dejar a un lado.

Lavar y preparar los ingredientes restantes.

En un tazón de ensalada grande, combinar la quínoa cocida, pepino, tomates cherry y queso feta. Rociar con el aderezo y revolver bien.

Opcionalmente, rociar con jugo de limón fresco.

Información nutricional por porción: Kcal: 186, Proteínas: 5.3g, Carbohidratos: 19g, Grasas: 10.5g

35. Ensalada Griega con Aceitunas Kalamata

Ingredientes:

1 taza de tomates uva, por la mitad

1 pepino grande, en rodajas

1 cebolla morada pequeña, en rodajas

¼ taza de Queso feta, desmenuzado

¼ taza de Aceitunas Kalamata, sin carozo y en rodajas

1 cucharada de vinagre balsámico

2 cucharadas de aceite de oliva

1 limón entero, exprimido

½ cucharadita de orégano seco, molido

¼ cucharadita de romero seco, molido

1 cucharada de perejil fresco, picado

½ cucharadita de pimienta negra, molida

½ cucharadita de sal kosher

Preparación:

Lavar los tomates bajo agua fría. Cortarlos por la mitad y poner en un tazón de ensalada grande. Dejar a un lado.

Lavar y cortar el pepino por la mitad. Cortar en rodajas finas y añadirlo al tazón.

Pelar y trozar la cebolla. Añadirla al tazón con los otros ingredientes.

En un tazón pequeño, combinar el vinagre balsámico, aceite de oliva, jugo de limón, orégano seco, romero seco, perejil, pimienta negra y sal. Mezclar y dejar a un lado.

Añadir el queso y aceitunas a los ingredientes restantes y rociar con el aderezo. Sacudir para combinar y servir inmediatamente.

Información nutricional por porción: Kcal: 247, Proteínas: 5.1g, Carbohidratos: 14.9g, Grasas: 20.3g

36. Ensalada de Filete Balsámico con Duraznos

Ingredientes:

4 onzas de filete de falta, magro, en rodajas finas

1 durazno grande, en gajos

2 tazas de rúcula fresca, en trozos

¼ taza de queso azul, desmenuzado

¼ taza de vinagre balsámico

1 diente de ajo, aplastado

1 cucharada de aceite de oliva

1 lima entera, recién exprimida

Sal y pimienta

Preparación:

Lavar la carne y secarla con papel de cocina. Transferir a una tabla y cortar en rodajas finas. Poner en una olla profunda y añadir vinagre balsámico, ajo, sal y pimienta. Dejar marinar 20 minutos.

Mientras tanto, precalentar el grill a fuego medio/alto.

Grillar los filetes por 3-5 minutos de cada lado.

Lavar la rúcula bajo agua fría. Colar y trozar. Dejar a un lado.

En un tazón pequeño, combinar el aceite de oliva, jugo de lima, sal y pimienta. Mezclar y dejar a un lado.

En un tazón grane, combinar la rúcula, queso azul y durazno. Cubrir con los filetes y rociar con el aderezo.

Sacudir para combinar y servir inmediatamente.

Información nutricional por porción: Kcal: 193, Proteínas: 13.5g, Carbohidratos: 8.3g, Grasas: 12g

37. Ensalada de Garbanzos con Ajo Silvestre

Ingredientes:

1 taza de lata de garbanzos, colados y lavados

1 pimiento rojo pequeño, en trozos

1 pepino pequeño, en trozos

½ taza de cebollas de verdeo, en trozos

¼ taza de ajo silvestre, picado

¼ taza de queso cottage, desmenuzado

2 cucharadas de aceite de oliva

1 cucharada de vinagre de sidra de manzana

2 cucharadas de jugo de limón, recién exprimido

1 cucharada de perejil fresco, picado

¼ cucharadita de granos de pimienta roja

Sal y pimienta

Preparación:

Poner los garbanzos en un colador, lavarlos y colarlos.

Dejar a un lado.

Cortar el pimiento por la mitad. Remover las semillas, trozar y dejar a un lado.

Lavar y cortar el pepino en rodajas finas. Dejar a un lado.

Lavar las hojas de ajo silvestre bajo agua fría. Trozar y dejar a un lado.

En un tazón pequeño, combinar el aceite de oliva, vinagre, jugo de limón, perejil, sal y pimienta. Mezclar y dejar a un lado.

En un tazón de ensalada grande, combinar los garbanzos, pimiento rojo, pepino, cebollas de verdeo, ajo silvestre y queso cottage. Rociar con el aderezo y sacudir para combinar.

Servir inmediatamente.

Información nutricional por porción: Kcal: 230, Proteínas: 8.1g, Carbohidratos: 27.1g, Grasas: 11g

38. Ensalada de Espinaca y Pecorino

Ingredientes:

2 tazas de espinaca bebé, en trozos

¼ taza de Queso Pecorino, rallado

1 manzana Granny Smith mediana, sin centro y en trozos

2 cucharadas de jugo de limón, recién exprimido

1 cucharada de vinagre balsámico

1 cucharadita de ralladura de lima fresca

Sal y pimienta

Preparación:

Poner la espinaca en un colador grande y lavar bajo agua fría. Colar y trozar. Dejar a un lado.

Lavar y cortar la manzana por la mitad. Remover el centro y cortar en rodajas finas. Dejar a un lado.

En un tazón pequeño, combinar el jugo de limón, vinagre balsámico, ralladura de lima, sal y pimienta. Mezclar y dejar a un lado.

En un tazón de ensalada grande, combinar la espinaca bebé, queso pecorino y manzana. Rociar con el aderezo y sacudir para combinar.

Opcionalmente, rociar con semillas de granada antes de servir.

Información nutricional por porción: Kcal: 205, Proteínas: 10g, Carbohidratos: 25.3g, Grasas: 8.5g

39. Ensalada de Pollo con Nueces Pecanas

Ingredientes:

4 onzas de pechuga de pollo, sin piel ni hueso

½ taza de uvas

¼ taza de cebollas de verdeo, en trozos

1 taza de Lechuga romana, en trozos

2 cucharadas de nueces pecanas, en trozos

¼ taza de Yogurt griego

2 cucharadas de jugo de limón, recién exprimido

1 cucharadita de Mostaza de Dijon

1 cucharada de eneldo fresco, picado

1 cucharada de perejil fresco, picado

¼ cucharadita de pimentón ahumado

Sal y pimienta

Preparación:

Precalentar el grill a fuego medio/alto.

En un tazón, combinar el yogurt griego, jugo de limón, mostaza de Dijon, eneldo, perejil, pimentón ahumado, sal y pimienta. Mezclar y dejar a un lado.

Lavar y secar el pollo. Rociar con sal y pimienta y grillar por 3 minutos de cada lado.

Poner el pollo en un tazón profundo con las uvas y nueces pecanas. Rociar con la mezcla de yogurt y revolver.

Servir inmediatamente.

Información nutricional por porción: Kcal: 201, Proteínas: 11.4g, Carbohidratos: 7.8g, Grasas: 14.7g

40. Ensalada de Frijoles Verdes y Fusili

Ingredientes:

4 onzas de pasta fusili

1 taza de frijoles verdes

¼ taza de Queso feta, desmenuzado

¼ taza de aceitunas, sin carozo y en trozos

2 dientes de ajo, molidos

½ cebolla, picada

1 taza de yogurt bajo en grasas

1 cucharadita mostaza amarilla

2 cucharadas de aceite de oliva

½ cucharadita de eneldo seco, molido

½ cucharadita de pimienta roja, molida

Sal

Preparación:

Poner la pasta en una olla profunda. Añadir agua hasta

cubrir y hervir. Rociar con sal y cocinar por 10 minutos a fuego medio/alto. Remover del fuego y transferir a un colador grande. Lavar bajo agua fría y dejar a un lado.

Poner los frijoles verdes en una olla profunda y cubrir con agua. Hervir a fuego medio/alto y cocinar por 5 minutos. Remover del fuego y colar. Dejar a un lado.

Precalentar una cucharada de aceite de oliva en una sartén grande a fuego medio/alto. Añadir las cebollas y ajo. Cocinar por 2-3 minutos, hasta que trasluzcan. Añadir los frijoles verdes y cocinar 5 minutos. Remover del fuego y transferir a un tazón de ensalada grande.

Añadir la pasta al tazón y revolver. Dejar a un lado.

Combinar el aceite de oliva restante, yogurt, mostaza, eneldo, pimienta roja y una pizca de sal en un tazón. Revolver y verter sobre los frijoles y pasta. Decorar con aceitunas y queso antes de servir.

Información nutricional por porción: Kcal: 264, Proteínas: 9.3g, Carbohidratos: 31.5g, Grasas: 11.2g

41. Ensalada de Apio Cocido

Ingredientes:

4 tallos de apio, con hojas

1 limón entero, exprimido

3 cucharadas de nueces, por la mitad

1 cebolla morada pequeña, picada

2 cucharadas de vinagre de vino blanco

2 tazas de lechuga de cordero, en trozos

1 cucharadita aceite de linaza

½ cucharadita de sal

½ cucharadita de pimienta negra, molida

Preparación:

Lavar el apio bajo agua fría y colar. Transferir a una tabla y separar los tallos y hojas. Trozar los tallos en tiras y picar las hojas. Dejar a un lado.

Transferir los tallos de apio a una olla profunda. Cubrir con agua y hervir a fuego medio/alto por 8 minutos. Agregar las hojas de apio y jugo de limón fresco. Revolver y cocinar 2-3 minutos más. Remover del fuego y colar. Lavar bajo agua fría inmediatamente. Dejar a un lado.

En un tazón, combinar las cebollas, vinagre, sal y pimienta. Mezclar y añadir el aceite de linaza.

Acomodar la lechuga de cordero sobre un plato y cubrir con el apio. Rociar con el aderezo.

Servir frío.

Información nutricional por porción: Kcal: 273, Proteínas: 8.8g, Carbohidratos: 17.9g, Grasas: 19g

42. Ensalada de Palta y Huevo

Ingredientes:

1 palta madura, en cubos

2 huevos duros grandes

2 cebollas de verdeo, en trozos

½ taza de Yogurt griego

1 cucharada de crema agria

1 lima entera, exprimida

1 cucharadita tomillo fresco, picado

Sal y pimienta a gusto

Preparación:

Poner los huevos en una olla profunda. Añadir agua hasta cubrir y hervir a fuego medio/alto. Cocinar por 10-12 minutos. Remover del fuego y transferir a un tazón con agua helada. Pelarlos y trozarlos. Dejar a un lado.

Pelar la palta y cortarla por la mitad. Remover el carozo y cortar en cubos. Dejar a un lado.

En un tazón, combinar el yogurt griego, crema agria, jugo de lima, tomillo, sal y pimienta. Mezclar bien.

En un tazón de ensalada, combinar los huevos y palta. Rociar con el aderezo y revolver.

Servir inmediatamente.

Información nutricional por porción: Kcal: 343, Proteínas: 14g, Carbohidratos: 16.3g, Grasas: 27g

43. Ensalada de Pollo a la Mostaza Grillado

Ingredientes:

8 onzas de pechuga de pavo, sin piel ni hueso

1 cucharada de mostaza amarilla

3 cucharadita de aceite de oliva

½ cucharadita de sal

½ cucharadita de pimienta negra, molida

2 tazas de Lechuga romana, en trozos

1 taza de lechuga de cordero

½ taza de tomates cherry, en trozos

1 cucharada de Queso parmesano, rallado

2 cucharadita de vinagre de vino tinto

Preparación:

Lavar y colar la pechuga de pavo. Transferir a una tabla y cortar en rodajas finas. Dejar a un lado.

En un tazón pequeño, combinar 2 cucharaditas de aceite de oliva, sal, pimienta negra y mostaza. Mezclar y verter cobre la carne. Frotar para que los sabores penetren. Cubrir con film y refrigerar 1 hora.

Precalentar el grill a fuego medio/alto. Añadir la carne y cocinar por 3-4 minutos de cada lado. Remover del fuego y transferir a una tabla. Dejar enfriar y cortar en tiras.

Lavar y preparar los vegetales.

En un tazón de ensalada grande, combinar la lechuga, lechuga de cordero y tomates cherry. Cubrir con las tiras de pavo y rociar con el vinagre de vino tinto. Añadir el queso parmesano y servir inmediatamente.

Información nutricional por porción: Kcal: 248, Proteínas: 25g, Carbohidratos: 9.6g, Grasas: 12.4g

44. Ensalada de Camarones y Palta

Ingredientes:

4 onzas de camarones, limpios y sin vaina

½ palta madura, en trozos

¼ taza de Queso feta, desmenuzado

1 pimiento verde mediano, en trozos

½ taza de tomates cherry, en trozos

½ taza de menta fresca, en trozos

1 cebolla morada pequeña, en trozos

¼ taza de aceitunas verdes, sin carozo

1 cucharada de perejil fresco, picado

1 lima entera, exprimida

¼ cucharadita de polvo de ajo

¼ cucharadita de orégano seco, molido

½ cucharadita de granos de pimienta roja

2 cucharadas de aceite de oliva

Sal a gusto

Preparación:

En un tazón pequeño, combinar el jugo de lima, orégano, ajo, 1 cucharada de aceite de oliva, granos de pimienta y sal. Mezclar hasta que esté combinado y dejar a un lado.

Lavar y preparar los vegetales.

En un tazón de ensalada grande, combinar los tomates cherry, menta, cebolla morada, aceitunas verdes y perejil. Rociar con el aderezo preparado y refrigerar 20 minutos.

Precalentar el aceite restante en una sartén a fuego medio/alto. Añadir los camarones y rociar con sal y pimienta roja. Cocinar por 2-3 minutos. Remover del fuego y dejar enfriar.

Añadir el queso y palta a la ensalada. Mezclar y cubrir con camarones. Decorar con menta fresca y servir inmediatamente.

Información nutricional por porción: Kcal: 264, Proteínas: 12.6g, Carbohidratos: 12.2g, Grasas: 19.6g

45. Ensalada de Pollo y Apio

Ingredientes:

6 onzas de cuartos traseros de pollo, sin piel ni hueso

2 cucharadas de arándanos agrios secos

2 tallos de apio medianos, en trozos

4 cebollas de verdeo, en trozos

2 cucharadas de Yogurt griego

1 cucharada de crema agria

1 cucharada de aceite de oliva

½ cucharadita de orégano seco, molido

¼ cucharadita de tomillo seco, molido

Sal y pimienta a gusto

Preparación:

Lavar el pollo bajo agua fría y secar con papel de cocina. Transferir a una tabla y trozar.

Lavar el apio y descartar las hojas. Trozar y dejar a un lado.

Lavar las cebollas de verdeo y trozarlas. Dejar a un lado.

Precalentar el aceite en una sartén mediana a fuego medio/alto. Añadir el pollo y rociar con sal y pimienta. Cocinar por 3-5 minutos, hasta que dore. Remover del fuego y dejar a un lado.

Combinar el pollo, apio y cebollas de verdeo en un tazón de ensalada grande.

En un tazón pequeño, combinar el yogurt griego, crema agria, orégano seco, tomillo seco, sal y pimienta. Mezclar y rociar sobre la ensalada. Revolver y servir inmediatamente.

Opcionalmente, puede decorar con rodajas de lima o limón.

Información nutricional por porción: Kcal: 275, Proteínas: 28.2g, Carbohidratos: 5.6g, Grasas: 15.2g

46. Ensalada de Zapallo Calabaza con Feta y Rúcula

Ingredientes:

2 tazas de zapallo calabaza, en cubos

¼ taza de Queso feta, desmenuzado

2 tazas de rúcula, en trozos

1 cucharada de aceite de oliva extra virgen

½ cucharadita de sal

½ cucharadita de pimienta negra, molida

½ cucharadita de Sazón italiano

Preparación:

Precalentar el horno a 350 grados. Poner papel manteca en una fuente y dejar a un lado.

Cortar la calabaza por la mitad. Remover las semillas y pulpa blanda. Pelar y cortar en cubos pequeños. Rellenar los vasos medidores y reservar el resto en la nevera.

Esparcir la calabaza sobre una fuente de hornear preparada. Rociar con aceite de oliva, sal y sazón italiano. Hornear por 30-40 minutos. Remover y dejar enfriar completamente.

Lavar la rúcula bajo agua fría. Colar y trozar.

Combinar la calabaza, rúcula y queso en un tazón de ensalada. Rociar con jugo de limón y servir inmediatamente.

Información nutricional por porción: Kcal: 182, Proteínas: 4.6g, Carbohidratos: 18.3g, Grasas: 11.6g

47. Ensalada de Espinaca y Papa con Manzana

Ingredientes:

2 tazas de espinaca bebé, en trozos

2 manzanas Granny Smith, en trozos

1 cucharada de nueces, picadas

1 taza de rúcula fresca, en trozos

¼ taza de queso de cabra, desmenuzado

½ limón entero, exprimido

1 cucharada de vinagre de sidra de manzana

Sal y pimienta a gusto

Preparación:

Combinar la espinaca y rúcula en un colador grande, y lavar bajo agua fría. Colar, trozar y dejar a un lado.

Lavar las manzanas y cortarlas por la mitad. Remover el centro y trozarlas.

Combinar la espinaca, rúcula y manzanas en un tazón de ensalada grande. Añadir el queso de cabra y cubrir con nueces.

Rociar con el jugo de limón, vinagre, sal y pimienta. Revolver y servir inmediatamente.

Información nutricional por porción: Kcal: 241, Proteínas: 8.7g, Carbohidratos: 33.7g, Grasas: 9.9g

48. Ensalada de Ajo y Pasta

Ingredientes:

1 cabeza de ajo mediana

4 onzas de pasta a elección

1 taza de queso ricota

1 cucharada de Queso parmesano

½ taza de tomates cherry, en trozos

1 taza de espinaca fresca, en trozos

1 cucharada de aceite de oliva

Sal y pimienta a gusto

Preparación:

Poner el ajo en un tazón apto para microondas. Rociar con aceite de oliva, sal y pimienta. Llevar al microondas por 2 minutos, hasta que ablande. Remover y dejar enfriar.

Poner la pasta en una olla profunda y añadir agua hasta cubrir. Hervir a fuego medio/alto durante 10 minutos y remover. Colar y dejar a un lado.

Para hacer el aderezo, pelar el ajo y ponerlo en un tazón pequeño con la sal y pimienta. Aplastar con un tenedor y añadir la ricota. Mezclar bien. Puede agregar agua tibia si es muy espesa la mezcla.

Transferir la pasta a un tazón. Añadir los tomates cherry, espinaca y queso parmesano. Revolver y rociar con el aderezo preparado.

Revolver nuevamente y servir inmediatamente.

Información nutricional por porción: Kcal: 313, Proteínas: 17.8g, Carbohidratos: 29.4g, Grasas: 14.2g

49. Ensalada de Col Rizada con Salsa de Arándanos

Ingredientes:

2 tazas de col rizada fresca, en trozos

1 taza de arándanos

½ taza de Queso muzzarella, en rodajas

1 taza de tomates cherry, en trozos

½ cucharadita de sal

1 cucharada de vinagre balsámico

1 cucharadita miel

1 cucharadita mostaza amarilla

3 cucharadas de aceite de oliva

Sal y pimienta a gusto

Preparación:

En una procesadora, combinar media taza de arándanos, vinagre balsámico miel, mostaza amarilla, aceite de oliva, sal y pimienta. Pulsar hasta que esté cremoso. Dejar a un lado.

En un colador grande, lavar la col rizada bajo agua fría. Colar y transferir a una tabla de cortar. Trozar.

Combinar los tomates cherry, queso y col rizada en un tazón de ensalada grande. Rociar con el aderezo preparado anteriormente.

Finalmente, cubrir con los arándanos restantes y servir inmediatamente.

Información nutricional por porción: Kcal: 305, Proteínas: 5.5g, Carbohidratos: 24.3g, Grasas: 22.8g

50.   Ensalada Picante de Sandía y Colinabo

Ingredientes:

2 tazas de sandía, en cubos

1 colinabo mediano, en cubos

1 ají picante pequeño, en trozos

3 cebollas de verdeo, en trozos

¼ taza de Queso feta, desmenuzado

1 lima entera, exprimida

2 cucharadas de cilantro fresco, picado

1 cucharada de menta fresca, picada

Sal y pimienta

Preparación:

Cortar la sandía por la mitad. Remover un gajo grande y trozarlo. Remover las semillas y dejar a un lado. Reservar el resto en la nevera.

Lavar el colinabo bajo agua fría y colar. Remover las hojas externas y cortar en cubos. Dejar a un lado.

Lavar las cebollas de verdeo y remover los verdes. Picar y dejar a un lado.

En un tazón de ensalada, combinar la sandía, colinabo, cebollas de verdeo, ají picante, queso feta, cilantro y menta. Rociar con el jugo de lima. Añadir sal a gusto y revolver.

Servir inmediatamente.

Información nutricional por porción: Kcal: 266, Proteínas: 11g, Carbohidratos: 44g, Grasas: 8.8g

51. Ensalada de Cebada y Frijoles

Ingredientes:

1 taza de cebada

1 taza de frijoles negros, remojados por la noche

1 cebolla morada pequeña, en trozos

1 pimiento rojo grande, en trozos

2 tomates medianos

½ cucharadita de albahaca seca, molida

½ cucharadita de orégano seco, molido

½ cucharadita de eneldo seco, molido

Sal y pimienta a gusto

Preparación:

Colar los frijoles y ponerlos en una olla profunda. Añadir 2 tazas de agua y hervir a fuego medio-alto. Cocinar por 20-30 minutos, hasta que ablanden. Remover del fuego y colar. Dejar a un lado.

Poner la cebada en una olla profunda con agua hirviendo.

Rociar con sal y cocinar por 20 minutos. Remover del fuego y dejar enfriar.

Lavar y preparar los vegetales.

En un tazón de ensalada, combinar el pimiento rojo, cebollas, tomates, frijoles y cebada. Rociar con albahaca, orégano, eneldo, sal y pimienta. Mezclar y servir.

Información nutricional por porción: Kcal: 357, Proteínas: 17.3g, Carbohidratos: 70.5g, Grasas: 2g

52. Ensalada de Pimiento Horneado con Aderezo de Ajo

Ingredientes:

5 pimientos grandes

2 dientes de ajo, picados

1 cucharada de perejil fresco, picado

2 cucharadas de aceite de oliva

1 cucharada de vinagre de sidra de manzana

½ cucharadita de tomillo fresco, picado

Sal y pimienta a gusto

Preparación:

Precalentar el horno a 350 grados. Poner papel manteca en una fuente y dejar a un lado.

Lavar y secar los pimientos. Pincharlos con un tenedor varias veces y esparcirlos en la fuente de horno.

Hornear por 10-12 minutos de cada lado, hasta que doren. Luego, remover del horno y dejar enfriar completamente. Remover la piel y transferir a un plato.

En un tazón mediano, combinar el aceite de oliva, vinagre, ajo, tomillo, sal y pimienta. Mezclar y rociar sobre los pimientos. Revolver bien.

Finalmente, rociar con perejil y servir inmediatamente.

Información nutricional por porción: Kcal: 222, Proteínas: 3.3g, Carbohidratos: 23.8g, Grasas: 14.8g

OTROS TITULOS DE ESTE AUTOR

70 Recetas De Comidas Efectivas Para Prevenir Y Resolver Sus Problemas De Sobrepeso: Queme Calorías Rápido Usando Dietas Apropiadas y Nutrición Inteligente

Por

Joe Correa CSN

48 Recetas De Comidas Para Eliminar El Acné: ¡El Camino Rápido y Natural Para Reparar Sus Problemas de Acné En 10 Días O Menos!

Por

Joe Correa CSN

41 Recetas De Comidas Para Prevenir el Alzheimer: ¡Reduzca El Riesgo de Contraer La Enfermedad de Alzheimer De Forma Natural!

Por

Joe Correa CSN

70 Recetas De Comidas Efectivas Para El Cáncer De Mama: Prevenga Y Combata El Cáncer De Mama Con una Nutrición Inteligente y Alimentos Poderosos

Por

Joe Correa CSN

www.ingramcontent.com/pod-product-compliance
Lightning Source LLC
Chambersburg PA
CBHW052059070526
44584CB00017B/2258